AF331420

MA SOIRÉE D'HIER,

OU

RÉFLEXIONS

SUR L'OPINION

DE CONDORCET.

Discite justitiam moniti.
(VIRGILE.)

A PARIS,

CHEZ LES MARCHANDS DE NOUVEAUTÉS.

1792.

MA SOIRÉE D'HIER,

OU

RÉFLEXIONS

SUR L'OPINION

DE CONDORCET.

Mon ame, agitée de la douloureuse contemplation de ce qui est et de ce qui pourroit être, cherchoit, avec avidité, dans l'avenir, des espérances, ou plutôt des illusions, pour tempérer la tristesse qui me consume ; je voyois les maux et les remèdes presque devenus impossibles. Comme nous nous agitons, pauvres mortels ! comme nous poursuivons des idées de perfection, incompatibles avec les choses humaines ! J'étois absorbé par ces pensées, quand entra mon ami. C'est un de ces hommes à qui la profonde expérience de ses semblables a laissé toute sa tendresse pour eux ; un homme qui ne croit pas toujours avoir raison, et qui ne veut l'avoir qu'avec ceux qui sont dignes de l'entendre : pour lui, la vertu n'est pas sans prix, ni le sentiment intérieur une chimère. Il gourmande ses plus légers défauts comme le vice le plus honteux, et pardonne aux autres leur méchanceté, comme la faute la plus excusable. Sur les affaires publiques, et sur les particulières, il dit tout ce qu'il pense, et pense tout ce qu'il dit. Vous êtes triste, me dit-il : allons prendre l'air ; sortons. Nous nous promenions dans le silence de la nuit. Vous rêvez, me dit-il. — Il est vrai ; je m'applique à la chose qui devroit le moins m'appliquer. — Gage [que vous êtes sur le chapitre des affaires publiques. — Peut-être. — Pourquoi donc dire que c'est la chose qui mérite le moins votre attention ? Je vous entends bien ; vous êtes convaincu que vos réflexions, vos sentimens, vos opinions demeureront sans effet. Vous vous trompez. Dans la première chaleur des révolutions, la voix de la raison est souvent étouffée, et presque toujours calomniée : mais quand les esprits, sans être calmes, cherchent à se calmer, c'est alors que l'opinion particulière des citoyens paisibles, des vrais citoyens, forme l'opinion générale. Prenez

(5)

courage ; la justice et l'humanité réclament
leurs droits à grands cris ; leurs plaintes gémis_
santes se font entendre. Eh ! quels liens peut-on
substituer à des liens si sacrés ! Sa voix s'étoit
émue, il garda un momeut le silence ; puis, comme
un homme qui est vivement agité ; vous avez lu ,
me dit-il , l'opinion de Condorcet sur le roi ;
qu'en pensez-vous ? — Elle m'a ravie. Je suis tout-
à-fait dans son sens. — Heureux jeune homme
de trouver des gens qui pensent pour lui , ou
comme lui ! Vous en êtes au ravissement ; dites-
moi ce qui vous a ravi ? — Soit. Une action , dit
l'auteur, ne peut être punie, si une loi préexis-
tante ne l'a mise expressément au nombre des
crimes ; comme aussi elle ne peut être punie que
d'une peine antérieurement déterminée par la loi :
que si cependant la loi n'a pas distingué, dans la
classe des crimes , ceux que des circonstances
aggravantes rendent plus atroces, on ne peut pas
conclure qu'elle ait voulu les soustraire à la peine ;
mais que ces circonstances n'ont pas paru néces-
siter l'existence d'une peine particulière En effet,
les lois de Solon n'en renfermoient aucune contre
les parricides ; s'en suivoit-il de-là, que le parricide devoit rester impuni ? Non, assurément ; mais
qu'on devoit le punir comme un meurtre. Donc,
si la constitution ne prononce rien en particu-

culier contre un roi conspirateur, bien plus coupable qu'un citoyen ; dois-je conclure qu'il soit hors de l'atteinte des lois ? Il est donc évident que les lois n'ont pas voulu le distinguer de la foule des conspirateurs ; par conséquent il doit être jugé par la loi commune, dans le cas qu'une loi particulière ne l'ait pas formellement excepté. C'est prouvé cela. — Continuez. — Or, cette exception n'a point été prononcée par la constitution. Graces au ciel, rien moins que cela : donc, le roi peut être jugé et puni. Deux seuls articles pourroient faire croire cette impunité supposée. Dans le premier, le roi est inviolable et sacré ; dans l'autre, on trouve qu'à l'égard des crimes commis après son abdication légale, il sera jugé comme les autres citoyens.

Après avoir prouvé qu'une bonne législation n'est que l'application des principes éternels de la justice primitive, il conclut que la question n'est donc pas de savoir, si l'on doit prononcer d'après le droit naturel, ou d'après une loi arbitraire ; mais si des actions doivent être jugées selon ce qui étoit considéré comme juste, quand elles ont été commises, et non ce qui a été regardé comme juste dans un temps postérieur.

L'auteur qui, à ce que je vois, n'aime pas le sacré, lui dit son fait en passant, et va droit à l'inviolabilité; car, dit-il, on peut être sacré et coupable, et parconséquent puni.

Le mot inviolable n'est point défini par la constitution, à l'article des pouvoirs de la royauté; elle l'a défini ailleurs dans l'article de ceux des représentans. Il trouve l'analogie des deux inviolabilités parfaite. Ainsi tout ce qu'a fait le roi, comme fonctionnaire public, la loi ne peut lui en demander compte. Mais étoit-ce! comme roi, qu'il étoit d'accord avec ses frères, qu'il payoit des libelles etc.? Donc, on doit le punir comme journaliste.

De ce que la constitution n'a pas déterminé le mode de justice dans le jugement du roi, s'en suit-il qu'un roi assassin, parricide, demeurera impuni?

On ne peut dire que l'inviolabilité du roi devoit être entière, parce qu'il ne pouvoit exister pour lui que des juges impartiaux. Cela seroit inconcevable, puisque l'énormité de l'attentat même seroit un brevet d'impunité. Il ne seroit question que de trouver un crime bien noir, dont les effets frapperoient toute la société, pour se croire à but avec cette même société. Car enfin, parmi mes parties, je ne puis reconnoître mes juges.

Ainsi, l'inviolabilité du roi, exprimée par le

A 4

même mot que celle des représentans doit s'entendre de la même manière.

L'auteur va, revient, avance, recule, attaque ou se défend, et toujours avec la même dextérité. Il explique la constitution par les lois de Solon. Quel tour de force ! Que la constitution parle ou ne parle pas, qu'importe ! Il saura bien la faire taire ou parler. Oh ! que je voudrois être philosophe ! La philosophie est d'un grand usage. Combien elle mérite de vénération, cette philosophie ! Par elle, ce qui est, n'est pas. C'est d'elle que je tiens que le roi est violable par cette même constitution qui le déclaroit inviolable ; c'est elle qui m'apprend qu'une action qui n'est pas conforme à la justice éternelle, peut être punie, nonobstant une loi positive, qui ne met pas cette action au nombre des crimes. La raison en est simple. Les lois n'étant établies que pour punir le crime, si une action criminelle n'a pas été mise au nombre des crimes, on peut, en bonne logique, punir le coupable, puisqu'on explique alors les loix civiles par les lois de la justice éternelle, et les lois politiques par les lois civiles. Voyez combien cette honnête méthode donne de facilités pour trouver et punir des coupables? Êtes-vous content ? — Je suis content de sentir dans mon cœur l'humanité se soulevant toute

.entière contre des sophismes si odieux.... Comment se fait-il qu'avec tant de logique, on ait si peu de bonne foi? et qu'avec tant de bonne foi, on ait si peu de logique? Pour réfuter toutes les propositions de cette étrange opinion, il faudroit un temps que je n'ai pas, et un travail qui coûteroit trop à mon indolence. Quelqu'important qu'il fût, pour la question présente, de se faire des idées bien déterminées d'une constitution, des lois naturelles, des lois civiles, et de l'inviolabilité dans une république monarchique, j'omettrai néanmoins une partie de ces questions, soit que je sois, quant à présent, incapable de cette suite d'attention nécessaire pour une discussion de cette étendue ; soit que ce que j'en dirai par occasion, suffise pour répandre quelque lumière sur chacune d'elles en particulier.

D'abord l'auteur pose un principe, dont une nation superstitieuse, et qui auroit des mœurs, ne manqueroit pas d'honorer quelque divinité. Il dit : On ne peut punir légitimement une action qu'une loi antérieure n'a pas mis au nombre des crimes. Comment ! Par quel prestige, tire-t-il des conséquences qui sont directement opposées à ce principe ? Le voici. C'est qu'il s'est, mal-à-propos, rappellé de Solon, qui, à dessein ou autrement, omit d'établir une peine particulière contre le parricide ; d'où il conclut qu'un monstre capable de ce crime ne devoit pas rester impuni. Il raisonne bien en cela ; mais quand ensuite il applique cette conséquence à la question, savoir si le roi peut être légalement jugé et puni, quoiqu'aucune loi antérieure et expresse n'ait mit ses actions au nombre des crimes, il confond deux questions très-séparées, les lois civiles et les lois constitutionnelles. En effet, quand j'entre dans la société civile, je suis censé connoître les conventions du corps social dont je suis membre ; je suis censé connnoître mes droits, mes devoirs, ce que je dois aux autres, et ce que les autres me doivent. Si donc je viole une de ces conventions, je suis puni pour une action qu'une convention de la société avoit mise au nombre des actions nuisibles à l'association dont je suis membre. Or, ces conventions s'appelle lois civiles, et leur action embrasse, sans distinction, tous les membres de la communauté. Je suppose qu'en France, il n'y ait pas de loi prononcée contre le parricide. Un fils dénaturé tue son père, on le cite ; il se défend sur ce que l'action qu'il a commise n'est pas mise au nombre des crimes, par une loi antérieure. Je lui répondrois, moi, ne savois-tu pas, monstre exécrable, qu'il existoit une loi contre le meurtre ? Ton père n'étoit-il pas un homme ?

Voyons à présent si, dans notre constitution, qni régle, qui tempère, qui limite, détermine et proportionne les différens pouvoirs des fonctionnaires publics, je trouve une loi qui mette au nombre des crimes une action quelconque commise par le roi. J'ouvre la constitution ; je le vois déclaré inviolable par elle ; aussi-tôt je me dis, le roi est censé n'avoir accepté la constitution qu'à condition que sa personne seroit inviolable ; d'ou il suit qu'il ne peut être jugé et puni, sans couvrir d'un parjure toute la nation qui a consenti à son inviolabilité.

L'on aura beau dire qu'il peut être puni par la loi commune, puisque les rédacteurs de l'acte constitutionnel n'ont pas voulu le distinguer des conspirateurs ordinaires. Beau dire que cette exception ! N'ayant pas été prononcée par la constitution, le roi peut être jugé et puni. Il n'est point de subtilité qui tienne, répliquerai-je au sophiste; vous confondez, vous dis-je, les lois civiles avec les lois politiques. Le roi ne peut être jugé par la loi commune, puisque la constitution l'avoit déclaré indépendant de cette même loi ; vous confondez le fait avec le droit. La constitution est un fait, et vouloir expliquer les lois constitutionnelles par les lois civiles, c'est, à la fois, outrager la nation, les lois et la raison. Le roi ne peut donc être recherché et puni comme un autre conspirateur , quand la constitution le reconnoît inviolable , quand il ignoroit qu'il n'étoit pas inviolable , quand les lois de la justice et l'humanité crient qu'il est inviolable.

Oh ! oh ! direz-vous , je sais bien qu'il semble que la constitution le rend inviolable : mais cette même constitution, expliquée par les droits de l'homme , est toute autre chose. Je réponds qu'avec une pareille méthode, on prouveroit que Fénélon étoit Cartouche , et Cartouche Fénélon. J'aimerois autant expliquer l'article de la constitution , qui prononce l'inviolabilité du roi , par un chapitre de l'apocalypse ou du roman comique, que par ces mêms droits de l'homme. Ces droits ne sont pas plus une partie de la constitution , que la perruque que je porte n'est une partie de mon corps.

L'auteur, pour qui la constitution ne s'est pas assez précisément expliquée sur l'inviolabilité du roi , la compare avec celle des représentans de la nation. L'analogie , selon lui , est des plus frappantes. Il coupe net le roi en deux ; une moitié est inviolable , l'autre ne l'est pas. Il est roi et il n'est pas roi ; il est inviolable , et il se trouve très-violable. Il me semble voir un de ces charlatans du Japon , dont parle Rousseau , qui dépècent un enfant, aux yeux des spectateurs, puis jettent en l'air successivement tous ses membres; après quelques instans , l'enfant retombe vivant et tout rassemblé.

Je viens d'établir que le roi ne peut être jugé ni puni par la loi commune ; il me reste à faire voir que l'inviolabilité n'est point un acte arbitraire , et qu'elle répond parfaitement à la fin pour laquelle on l'a établie. Je me demande , qu'est-ce que l'inviolabilité ? Je dis que l'inviolabilité n'est autre chose que le droit attribué à un fonctionnaire public de ne pouvoir être cité devant aucun tribunal, pour quoique ce puisse être.

Si, dans une République monarchique, le pouvoir exécutif n'étoit point inviolable , son pouvoir ne répondroit pas à l'objet de fon institution, tant à cause des raisons tirées de la nature de ce gouvernement, où les citoyens, impatiens de reculer les bornes de la liberté , pourroient le citer à chaque instant, que de celles qu'on peut tirer de la nature de ses fonctions mêmes; car son pouvoir s'exerçant sur les fonctionnaires subordonnés , qui , comme le reste des hommes , oubliant le bienfait pour s'appliquer à l'injure , pourroient se coaliser pour lui chercher des crimes. Quitté et repris par l'en-

vie, l'intérêt de quelques-uns seroit bientôt l'intérêt de plusieurs ; la calomnie, et l'espérance de
le renverser, recruteroient les factieux : alors,
l'Etat, déchiré par autant de partis qu'il y auroit
d'intérêts différens, n'auroit plus que le choix
de ses maux. Les rédacteurs de l'acte constitutionnel avoient très - bien vu que les
hommes abusent toujours du pouvoir; ou, ce
qui revient au même, qu'ils cherchent à se donner
tout le pouvoir qu'ils peuvent imaginer, à moins
que le pouvoir n'arrête le pouvoir. Sur ce principe, ils établirent trois pouvoirs, qui s'arrêtoient
et se balançoient réciproquement. Et qu'on ne
croie pas que l'assemblée constituante, en dé-
clarant le roi inviolable, avoit eu plus d'égard à
l'avantage particulier du roi, qu'à l'utilité de la
nation. La liberté civile n'étant, dans la république monarchique, que le résultat de l'immuta-
bilité des pouvoirs constitués ; ôtez un pouvoir,
celui qui reste est despotique par le fait, puisqu'il abuse, ou peut abuser d'un pouvoir qu'aucune puissance ne peut réprimer. De plus, si la
dépendance des pouvoirs est un monstre en politique, je demande, par quel autre artifice que
celui de l'inviolabilité, l'on auroit rendu le roi
indépendant des autres pouvoirs? Il suit de ces réflexions, que l'inviolabilité du roi n'est point iden-
tique avec celle des représentans de la nation, et

que les déductions qu'on en tire ne concluent pas ; il suit que l'inviolabilité n'est point un acte arbitraire ; il suit encore que la constitution, qui l'établit, ne peut être expliquée par les lois civiles, puisque certains points de cette constitution, principalement dans la question présente, sont une dérogation à ces mêmes lois civiles. Disons donc que la peine indiquée par la constitution, est la déchéance ; que le roi étant déchu, l'on ne peut le rechercher pour la même action sur laquelle on a prononcé sa déchéance.

La seconde partie de cet écrit est bien conçue, et parfaitement exécutée. Je ne ferai que deux réflexions. Dans les formes de la justice, le magistrat qui juge n'est point le magistrat qui a fait arrêter l'accusé, encore moins celui qui l'a proclamé coupable avant le jugement. Voilà la raison de cet axiome de jurisprudence, qui dit, qu'un accusé est présumé innocent aussi longtemps qu'il n'est pas jugé coupable, d'après les informations néceffaires. La Convention n'a-t-elle jamais dit que le roi étoit coupable ? Si elle l'a dit avant de l'entendre, est-il bien démontré qu'elle le peut trouver innocent, après l'avoir entendu ? L'autre réflexion, je la ferai sur ce que l'auteur dit que la convention doit se réserver le droit de modifier la sentence du tribunal formé pour le jugement du roi, ou de la renvoyer au peuple, après lui avoir indiqué les moyens de la diriger. Premièrement, la nation ôte à la convention la faculté de connoître de la cause du roi, par cela seul qu'elle nomme une commiffion expresse pour le juger. La convention ne peut donc pas user d'un droit qu'elle n'a plus, et qu'on lui a formellement retiré. Il n'est pas même sûr que le peuple ait le droit de faire aller et venir un accusé, et de lui faire lentement savourer toutes les terreurs d'une agonie sans mesure ; la mort est insipide ; c'est le mourir qui est amer. Toutes ces allées et ces venues ressemblent à la force, à moins que des considérations politiques bien démontrées, sans babil et sans replique, ne contraignent à des mesures de rigueur et de sûreté, autorisées par le salut de tous. *Salus populi suprema lex esto*, est l'émétique de la politique. Le sage tremble, quand il est question d'appliquer ce terrible principe ; l'étourdi et le brouillon en usent aussi gaîment, qu'une femme de ses odeurs.